NOUVELLE BIBLIOTHÈQUE JUNIOR

Vocabulaire

Une chaise vide

Die deutsche Entsprechung der Vokabeln bezieht sich auf den Kontext der Erzählung und entspricht somit nicht immer der Hauptbedeutung.

A

l'**abri** *m.* der Schutz
accroupi/e in der Hocke
accueillir aufnehmen
affolé/e panisch
âgé/e im Alter von
s'**agiter** in (hektischer) Betriebsamkeit sein
apercevoir sehen
appartenir gehören
s'**apprêter** sich anschicken
s'**arranger** sich regeln
arrêter verhaften
l'**avis** *m.* der Bescheid
l'**APRF (= l'Avis Préfectoral de Reconduite à la Frontière)** der Ausweisungsbescheid

B

bafouiller stammeln
baisser senken
balayer wegfegen
se **blesser** sich verletzen
le **boulot** die Arbeit
la **branche** der Zweig

C

la **caisse** die Kiste
la **carte de séjour** die Aufenthaltsgenehmigung
causer du tort Schaden zufügen
le **CDI/le Centre de documentation** die
Schulbibliothek und -mediathek
la **centaine** etwa hundert
le **centre de rétention** das Abschiebelager
le **cerveau** das Gehirn
se **charger de** sich kümmern um
la **charité** die Barmherzigkeit
circuler die Runde machen
la **cloche** die Glocke
le **coin** die Ecke
coller des zéros schlechte Noten reinhauen
faire **confiance** vertrauen
conseiller den Rat geben
considérer ansehen

à **côté de** neben
le **couloir** der Gang
donner un **coup de main** helfen
mettre au **courant** informieren
croisé/e verschränkt

D
se **débrouiller** zurechtkommen
décevoir enttäuschen
décharger abladen
la **demande** der Antrag
la **démarche** die Maßnahme
démesuré/e ungeheuerlich
se **dépêcher** sich beeilen
dès von ... an
désert/e verlassen, einsam
le **désir** der Wunsch
désormais von nun an
dessus darauf
discrètement heimlich
disparaître verschwinden
le/la **documentaliste** der/die Bibliothekar/in des CDI
le **domicile** das Zuhause
le **drapeau** die Fahne
le **droit** das Recht

E

échouer scheitern
effrayé/e erschrocken
également ebenfalls
éjecter hinauswerfen
l'**élu/e local/e** der/die Gemeindevertreter/in
embaucher einstellen
embrasser küssen
emmener (hin)bringen
l'**employé/e** der/die Angestellte
ému/e bewegt
s'**enfuir** fliehen
l'**épice** *f.* das Gewürz
l'**épilogue** *m.* das Nachwort
l'**escapade** *f.* die Flucht
essoufflé/e außer Atem
l'**établissement** *m.* **scolaire** die Schule
s'**étirer** sich strecken
étouffer unterdrücken
expulser abschieben

F

faire la tête schmollen
le **fond** der rückwärtige Teil
qu'est-ce que tu **fous?** was machst du?
fuir fliehen aus

G

gêner stören
germer keimen
glisser anfügen
se **glisser** schlüpfen
gonflé/e geschwollen
grâce à dank
grandir aufwachsen
se **griffer** sich festkrallen

H

la **haie** die Hecke
l'**horaire** *m.* **des avions** die Abflugzeiten

I

immédiatement unverzüglich
impatient/e ungeduldig
inquiet/inquiète besorgt
installer herrichten
l'**instant** *m.* der Augenblick
(s')**interroger** (sich) fragen
interrompre unterbrechen
en situation **irrégulière** ohne
Aufenthaltsgenehmigung

J

la **joie** die Freude
joindre erreichen, anrufen
le **juge** der Richter

L

la **larme** die Träne
le **lendemain** der nächste Tag
libérer befreien
lors de anlässlich

M

majeur/e ältere/r/s
malgré tout trotz allem
le **marin-pompier** der Feuerwehrmann auf einem Löschboot
le **mien / la mienne** meine/r/s
au **milieu de** mitten in
le **moindre** der geringste
les **moyens** *m.* die Mittel
murmurer murmeln, flüstern

N

la **naissance** die Geburt
sans … **ni** ohne … noch

O

l'**obstacle** *m.* das Hindernis
obtenir erhalten

P

pâlir blass werden
la **pâtisserie** das Gebäck
la **parole** das Wort
le **patron** der Chef
les **paupières** *f.* die Augenlider
à **peine** kaum
la **pétition** das Gesuch
planté/e aufgepflanzt, stehend
plusieurs mehrere
poursuivre weitersprechen
pousser schieben; antreiben
la **poussière** der Staub
se **préoccuper** sich kümmern
prévenir benachrichtigen
le **principal** der Schulleiter eines *collège*
propre eigene/r/s
se **propulser** sich zubewegen

Q

remonter les escaliers **quatre à quatre** zwei Stufen
(der Treppe) auf einmal nehmen

R

se **radoucir** sich beruhigen
avoir **raison** Recht haben
se **rapprocher** sich nähern
se **rattraper** aufholen
en **règle** gültig
la **régularisation** die Erteilung einer Aufenthaltsgenehmigung
rejeter zurückweisen
rejoindre sich gesellen zu
relevé/e stark gewürzt, pikant
remplir ausfüllen
le **renouvellement** die Verlängerung
le **renseignement** die Auskunft
repousser wegschieben
résoudre lösen
se **retenir** sich zurückhalten
le **retour** die Rückkehr
la **réunion** die Versammlung
réussir à gelingen
rougir erröten

S

selon laut, gemäß
faire **semblant** tun als ob
sembler scheinen
la **signature** die Unterschrift
soigneusement sorgfältig
soudain plötzlich
souffrir leiden
la **stupeur** die Verblüffung
supplémentaire zusätzlich
sursauter aufspringen

T

se **taire** schweigen
tant que solange wie
tendre reichen, hinhalten
le **territoire français** französischer Boden
le **titre de séjour** das Dokument der
Aufenthaltsgenehmigung
avoir **tort** Unrecht haben
tôt früh
le **tourbillon** der Trubel

U

la fille **unique** das Einzelkind (Tochter)
urgent/e dringend

V

avoir le **vertige** schwindelig sein
vexé/e beleidigt, gekränkt
visiblement sichtlich
le **vol** der Flug

Z

le **zéro** die Note „ungenügend" *schlechteste Note im
franz. Notensystem, das von 0–20 geht*

Cathy Ytak

Une chaise vide

Cornelsen

Pour le sourire de Khaled

Chapitre 1

– Lisa, il faut que je te parle...

Lisa écoute, mais Benjamin, essoufflé, ne termine pas sa phrase. Le blanc de ses yeux, qui contraste toujours avec sa peau si noire, est rouge et ses paupières gonflées.

– Tu as pleuré ? s'étonne Lisa.

– C'est mon père, dit Benjamin.

– Quoi, ton père ? Tu t'es fait disputer ?

– Non... C'est pire.

– C'est pire ? Mais parle !

– Promets-moi de ne rien dire... Promets-moi.

– Mais oui, je te promets. Alors, qu'est-ce qui se passe ?

– Mon père vient d'être arrêté avec ma grande sœur. J'ai réussi à passer par le balcon et m'enfuir. La police va venir me chercher ici, c'est sûr...

Lisa sursaute et, instinctivement, pousse Benjamin dans un coin de la cour du collège, à l'abri des regards.

– Arrêtés ? Mais pourquoi ? Et toi, pourquoi toi ?

– Mon père n'a plus de papiers en règle pour vivre en France. La demande de renouvellement de sa carte de séjour a été rejetée. Nous n'avons plus le droit de vivre ici. Plus le droit, Lisa ! Ma mère n'est plus là, alors...

– Alors quoi ?

– On va tous être expulsés : mon père, ma sœur, et moi.

Chapitre 2

Lisa réfléchit quelques instants, le cœur battant. Benjamin est né en France, il y a quatorze ans. Il a une sœur majeure. Sa mère est partie il y a deux ans, laissant les enfants seuls avec leur père.

Lisa a grandi avec Benjamin, ils vivent dans la même rue, ils ont le même âge. Avec leur copain Heiping, qui est arrivé de Chine il y a sept ans, ils forment un joli trio. Heiping ne vit pas très loin non plus. Lisa, qui est fille unique, considère les deux garçons comme ses propres frères, et leurs parents comme des cousins. Une famille blanche, jaune et noire.

Ce sont les couleurs du drapeau de l'amitié, a l'habitude de dire Benjamin.

Lisa interroge son ami :

– Tu en as parlé à quelqu'un ?

– Oui, à Heiping, en arrivant. Il me conseille de me taire et me dit que, même si la police vient m'arrêter, il faut faire confiance en la justice. Il a sûrement raison, mais...

– Où ton père et ta sœur ont-ils été emmenés ?

– Dans un centre de rétention...

– Écoute, Benjamin, tant que t'es au collège, tu ne risques rien, non ? Et ils ne vont pas expulser ton père et ta sœur comme ça, sans toi, du jour au lendemain.

– Tu rêves, Lisa ! Tu sais comment ça se passe ? Ma sœur me l'avait expliqué une fois. T'es arrêté, t'es envoyé en centre de rétention, et là, parfois, ça va très vite : tu passes devant un juge et t'es expulsé le lendemain, comme ça, sans rien, sans même avoir eu le temps de prendre tes affaires ni de téléphoner... Je ne vais peut-être jamais les revoir, Lisa... ou bien...

– Ou bien la police va venir te chercher jusqu'ici. Alors, il faut agir, et vite. D'abord, tu vas te cacher. Je connais un endroit où personne ne pourra te trouver. Ensuite, il faut prévenir notre prof principal.

– M. Lemain ? Il me déteste ! Et puis Heiping dit que...

– Arrête, Benjamin ! Je le connais, ce prof, ça n'est pas parce qu'il te colle des zéros qu'il te déteste. Et puis ça n'a rien à voir.

– Mais Heiping...

– Heiping a tort. Il est où, d'ailleurs ?

– Lisa, je ne veux pas que…

Lisa pousse Benjamin vers la haie et murmure :

– Là, il y a un passage, sur la gauche. Personne ne peut te voir. Reste accroupi. Tiens, mets mon pull noir, ça sera mieux. Je reviens vite. Si la police arrive, tu ne bouges pas, hein ?

Benjamin prend le pull que Lisa lui tend et bafouille, effrayé :

– Non, Lisa, non, je ne veux pas que… Mais Lisa est déjà loin.

Chapitre 3

Lisa court dans les couloirs du collège, jusqu'à la salle des professeurs. Elle frappe à la porte.

– M. Lemain ? Je voudrais vous parler, c'est urgent.

Le professeur s'apprête à lui dire d'attendre son heure de cours, mais Lisa a parlé d'une voix si ferme qu'il lève la tête vers elle.

– De quoi s'agit-il ?

Lisa regarde autour d'elle. Il n'y a qu'une autre personne dans la salle, occupée à ranger des livres. Elle s'approche de son professeur pour ne pas avoir à parler trop fort et dit, très vite :

– C'est Benjamin, il est en danger. Il faut faire quelque chose...

– En danger ? Qu'est-ce que tu veux dire ?

– Son père et sa sœur ont été arrêtés ce matin. Ils n'ont pas le droit de rester en France, leur demande de renouvellement de titre de séjour a été rejetée. Benjamin dit qu'ils peuvent être expulsés d'un moment à l'autre...

M. Lemain écoute Lisa qui se retient pour ne pas pleurer. Il sait qu'elle a raison, que Benjamin a raison. Tout peut se jouer en quelques heures. Il y a trois mois, dans un autre établissement scolaire, il a déjà été confronté à cette situation.

– Tu as pu parler à Benjamin ?

– Oui, parce que... il n'a pas été arrêté, lui. Il a réussi à s'enfuir...

Brusquement, Lisa pâlit. Elle n'aurait peut-être pas dû raconter tout ça. Mais c'est trop tard, M. Lemain l'interroge :

– Où est-il ?

– Il est caché, répond Lisa, hésitante.

– Caché où ?

– Dans... dans la cour du collège, dans... C'est difficile à expliquer, c'est...

– Je n'ai pas besoin de tes explications. Va le chercher immédiatement ! Il n'y a pas une seconde à perdre. Attends, Lisa... vous avez cours de maths avec Mme Mirail ? Alors va la chercher, elle aussi, et mets-la au courant. On se retrouve tout de suite au Centre de documentation.

Lisa hésite à partir et M. Lemain le remarque :

– Qu'est-ce que tu fais encore là ? Tu n'as pas compris ce que je viens de te dire ?

– Si, mais... Il ne va rien lui arriver, à Benjamin ? Je veux dire... C'est sûr que...

– Il faut être nombreux pour le protéger, Lisa, c'est la seule solution. Je vais prévenir le principal; je crois qu'il connaît une avocate spécialisée dans ce genre d'affaires. Va vite, dépêche-toi !

Chapitre 4

Lisa repart en courant. La cloche du début des cours a sonné, la cour est déserte. L'adolescente se glisse discrètement derrière la haie, en se griffant aux branches. Elle étouffe un cri : Benjamin a disparu ! Elle retraverse la cour, affolée. Dans le hall, personne. Elle remonte les escaliers, quatre à quatre. Une silhouette devant elle... Son cœur bat plus vite : Benjamin ! Elle lui crie :

– Mais qu'est-ce que tu fous ? Je venais te chercher, et je ne te trouve plus ! J'ai eu peur, pourquoi t'es pas resté caché ?

– Parce que je n'ai rien fait, Lisa. Je n'ai pas à me cacher. Si la police veut venir me chercher, qu'elle vienne.

– Pourquoi tu dis ça ? T'es devenu fou ?

– Lisa... Si mon père et ma sœur sont expulsés, qu'est-ce que je vais devenir, moi, tout seul ? Je préfère...

– Tu préfères être expulsé avec eux, vers un pays où tu n'as jamais mis les pieds, où tu ne connais pas la langue, où tu n'as aucun ami, c'est ça ?

Benjamin baisse la tête. Il cache ses larmes. Il n'en peut plus. Lisa se radoucit et le prend par la main.

– Viens. On nous attend au CDI.

– Et le cours de maths ?

– La prof de maths nous attend aussi au CDI.

Benjamin renonce à comprendre et suit Lisa dans les couloirs déserts, jusqu'au Centre de documentation.

Là, ils retrouvent une partie des élèves de leur classe, plusieurs professeurs, le principal, la documentaliste...

Heiping n'est pas venu, ce qui déçoit Lisa.

M. Lemain voit Benjamin et vient à sa rencontre.

– Benjamin, je t'attendais. J'ai besoin de renseignements précis sur ta famille. Viens avec moi... Et rassure-toi, ici, tu ne risques rien.

Benjamin jette un coup d'œil inquiet à Lisa. Il se sent perdu.

– Pendant ce temps, reprend M. Lemain, j'ai besoin de trois élèves qui se débrouillent bien en informatique. Il faut que vous trouviez, sur Internet, tous les horaires des avions dans lesquels le père et la sœur de Benjamin pourraient être emmenés, et les numéros précis des vols. S'il faut, on ira jusqu'à l'aéroport, pour empêcher leur expulsion.

Toi, Lisa, voilà une liste d'associations à prévenir. Tu leur téléphones, tu les mets au courant. Julien ? Ta mère est journaliste, non ? Tu peux la joindre ?

– On pourrait faire une pétition qui circulerait de classe en classe, propose Mme Martin, la prof de musique. Le père de Benjamin nous apporte son aide depuis des années lors des fêtes du collège. Ici, beaucoup de gens le connaissent. Je m'en charge !

– Je vous donne un coup de main, glisse la documentaliste.

Chapitre 5

Au milieu de ce tourbillon, Benjamin est resté seul dans un coin. Son cœur bat vite. Sa tête tourne. Il regrette d'avoir raconté ça à Lisa. Il pense que Heiping a raison. Que tout cela ne sert à rien, et risque même de lui causer du tort. Il revoit son père remplissant soigneusement le dossier de renouvellement de sa carte de séjour... Pourquoi ça n'a pas marché ? Benjamin le sait, c'est à cause du travail. Son père n'en a plus. Il était cuisinier dans un restaurant du quartier qui a fermé ses portes, il y a six mois. S'il avait gardé son boulot...

Brusquement, Benjamin a le vertige. Il est né ici, il a toujours vécu ici, et son père n'a rien fait de mal. Ses parents sont arrivés en France quelques mois avant sa naissance, poussés par le désir d'offrir à leurs enfants une vie meilleure. Et voilà qu'on veut les expulser... Expulser, c'est un mot horrible. « Faire sortir avec violence » dit le dictionnaire. Éjecter. Repousser, comme on balaie des poussières, des poussières qui gênent...

Est-ce que mon père gêne quelqu'un ? se demande Benjamin. La réponse est non. Il travaillait comme cuisinier dans un petit restaurant où tout le monde appréciait ses plats, parfois un peu trop relevés. Mais il avait appris, avec le temps, à mettre moins d'épices : les Français aiment une cuisine un peu plus fade que celle de son pays d'origine.

Est-ce qu'il gêne quelqu'un ? se redemande Benjamin. La réponse est toujours non. Son père participait souvent à la fête de fin d'année du collège. Il préparait des pâtisseries, aidait à installer et décorer la salle avec les parents de Lisa.

Et moi ? s'interroge Benjamin, pourquoi n'aurais-je pas le droit de continuer à vivre ici ? Je ne suis pas un très bon élève en français, c'est vrai, mais je me rattrape en sciences et en maths, et je suis le meilleur en gymnastique. Dans notre immeuble, quand la vieille dame du quatrième est malade, je vais lui faire ses courses, avec Lisa. Plus tard, j'aimerais être marin-pompier. Est-ce qu'ils gênent, les marins-pompiers ? Non, on en a besoin. Et on a besoin de cuisiniers comme mon père...

Chapitre 6

Dans le CDI, on s'agite toujours, les téléphones sonnent. La cloche qui annonce la fin des cours a sonné, elle aussi, mais personne ne s'en préoccupe. Soudain, un cri :

– Ça y est ! Il y a une avocate qui s'occupe de l'affaire ! Elle vient de m'appeler. Et des élus locaux également...

Tout le monde se rapproche de M. Lemain qui poursuit :

– Ils sont en train de lire le dossier. Et ils ne comprennent pas pourquoi cet APRF a été...

– Ce quoi ?

– Cet *Avis Préfectoral de Reconduite à la Frontière...* Le père de Benjamin ne l'a jamais reçu, et c'est illégal. Et il y a d'autres éléments dans le dossier... Enfin, l'avocate pense que ça peut s'arranger.

Lisa cherche Benjamin du regard. Il est toujours assis, seul à une table, la tête entre les mains. Elle le rejoint.

– Benjamin ! T'as entendu ?

Benjamin lève les yeux vers Lisa.

– Oui.

– T'es pas content ?

– Si...

– Tu dis ça comme si tu pensais le contraire !

– Lisa, c'est super ce que vous faites, mais...

– Mais quoi ?

– Tout ça ne résout pas le problème. Parce que, le problème, c'est que mon père n'a pas de travail en ce moment, et sans travail, il n'obtiendra jamais sa carte de séjour...

– Du travail, ça se trouve, Benjamin !

– Oui, mais pas en vingt-quatre heures. Mon père cherche depuis des mois. Mais des cuisiniers noirs, il faut croire qu'on n'en veut pas...

Lisa ne l'écoute plus. Une idée vient de germer dans son cerveau. Une idée folle, énorme, démesurée.

Lisa regarde son ami. Elle ne veut plus le voir souffrir de cette manière. Il a le droit de grandir ici. Et elle, elle ne veut pas grandir sans lui.

– Je dois passer chez moi, Benjamin, reprend Lisa, après quelques minutes de silence. Ne dis à personne que je suis sortie, je reviens tout de suite.

Chapitre 7

Lisa quitte le collège et part en direction de la pizzeria tenue par ses parents, à quelques centaines de mètres de là.

La salle est pleine, c'est le moment de la journée où il y a le plus de monde.

– Papa, il faut que je te parle !

– Qu'est-ce que tu fais là ? Tu n'es pas au collège ? Je suis en plein travail, je n'ai pas le temps...

– Demande à Giorgio de te remplacer deux secondes, je dois te parler.

– Giorgio s'est blessé ce matin en déchargeant des caisses et il est rentré chez lui, je suis seul avec Angelo et ta mère. Lisa, ça n'est pas le moment ! Je ne sais même pas…

Son père est interrompu par un client qui l'appelle :

– Monsieur ! Mon café !

– J'arrive, j'arrive…

Le père de Lisa murmure à l'attention de sa fille, toujours plantée devant lui :

– Mais qu'est-ce qui se passe ? Tu fais une drôle de tête…

– Papa, murmure Lisa, le père et la sœur de Benjamin vont être expulsés.

– Quoi ? Qu'est-ce que tu racontes ? Tu n'aurais pas pu le dire plus tôt !

– Tu ne me laisses pas parler…

De nouveau, une voix s'élève :

– S'il vous plaît ! Mon café !

Le restaurateur se propulse vers la table du client impatient, un café à la main.

– Tenez, voilà votre café, je vous l'offre.

Il a dit ça d'un ton désagréable, et repart sans même attendre de réponse.

Il rejoint Lisa et lui dit :

– Lisa, je ne comprends pas... Le père de Benjamin m'avait montré le dossier de sa demande de renouvellement. Il ne manquait rien, et je croyais que tout allait bien. Ils sont là depuis si longtemps ! Tu es sûre de ce que tu racontes ?

– Oui. Ils ont été arrêtés et envoyés dans un centre de rétention administrative. L'avocate dit qu'ils vont sortir, mais...

– Mais quoi ?

– Si le père de Benjamin ne retrouve pas de travail très vite, ils seront tous expulsés. Et là, on ne pourra plus rien faire pour eux.

Chapitre 8

Le père de Lisa a compris. Il regarde sa fille. Il s'apprête à lui expliquer qu'il ne peut pas embaucher quelqu'un d'autre comme ça, qu'il n'a pas les moyens, que ça serait trop difficile... Difficile...

Il se souvient alors de sa propre histoire. Le père de Lisa est italien. Quand il est arrivé en France, il y a presque trente ans, il était aussi un étranger. On lui a fait confiance, on lui a donné une place de cuisinier alors qu'il n'avait pas vingt ans et qu'il parlait à peine le français ! Maintenant, il est patron de son propre restaurant et...

Sa fille a les yeux fixés sur lui. Est-ce qu'il a le droit de la décevoir ? Est-ce qu'il a le droit de rester là, les bras croisés, pendant que ses voisins sont expulsés ? Est-ce qu'il a le droit de laisser Benjamin, son père, sa sœur, être renvoyés dans un pays qu'ils ont fui à cause de la misère ?

Le père de Lisa se plaint depuis des mois que le travail devient trop dur au restaurant. Il aurait besoin d'un cuisinier supplémentaire... Et voilà que Giorgio se blesse...

Le silence semble tomber sur la salle. Le temps s'étire. Père et fille se regardent toujours. Enfin, l'homme reprend la parole et dit :

– Donne-moi le numéro de téléphone de l'avocate du père de Benjamin. Je lui garantis du travail dès sa sortie du centre de rétention. Je vais l'embaucher comme cuisinier.

Lisa se jette dans les bras de son père pour l'embrasser quand une voix crie, du fond du restaurant :

– Monsieur ! J'ai commandé mon entrée il y a plus de vingt minutes...

Vingt minutes, pense Lisa, qu'est-ce que c'est, vingt minutes, quand l'avenir d'un homme est en jeu ?

Chapitre 9

Au collège, les cours ont repris, et une réunion d'information est prévue à 17 heures. Lisa s'est assise à côté de Benjamin qui fait semblant d'écouter la leçon. Elle le met au courant de ses démarches, lors de sa petite escapade à l'heure du déjeuner.

– T'es folle d'avoir fait ça ! dit Benjamin. Mon père n'acceptera jamais ! Il ne veut pas de charité.

– Ça n'a rien à voir. Un des cuisiniers de mon père s'est blessé ce matin, il manque quelqu'un en cuisine, c'est tout.

Au fait, t'as vu Heiping ce midi ? Tu lui as raconté ? Et pourquoi il n'est pas venu ?

– Je sais pas. Je l'ai aperçu à la cantine, mais il ne m'a pas adressé la parole. Il me fait la tête, il n'a même pas voulu manger avec moi...

– C'est parce qu'il est jaloux et vexé : tout le monde s'occupe de toi et de ta famille, alors qu'il t'avait conseillé de te taire et de ne rien faire.

– Chut... On va se faire remarquer par le prof.

En fin d'après-midi, une bonne nouvelle attend les participants à la réunion : l'APRF va être annulé.

– Je crois, dit le principal, visiblement ému, que les signatures des élèves et des professeurs, l'avocate, les associations qui se sont mobilisées en quelques heures... Tout cela a été très important. Cela montre combien le père de Benjamin est bien intégré et que sa vie doit se faire ici. Il sera libéré dans quelques heures.

La nouvelle est accueillie par des applaudissements et des cris de joie.

– Oui, mais... l'interrompt M. Lemain, que va-t-il se passer après ?

– Selon le dossier, le seul obstacle au renouvellement de la carte de séjour du père de Benjamin est qu'il n'a actuellement pas de travail. Enfin, je devrais dire... qu'il n'avait pas de travail. Parce qu'il vient d'en trouver un ! Alors voilà, tout est en ordre. Et si tout a été si vite, c'est grâce à Lisa !

Tous les yeux se tournent vers Lisa, qui rougit. Benjamin aussi la regarde, de l'admiration plein les yeux.

Épilogue

Le père de Benjamin est sorti le soir même du centre de rétention avec sa fille, et a finalement obtenu le renouvellement de sa carte de séjour et de son permis de travail. Il est désormais employé dans le restaurant des parents de Lisa, et les clients ne se plaignent plus de devoir attendre leurs plats (un peu plus épicés qu'avant !) ou leur café.

Quelques mois plus tard, un samedi matin, alors que tout le monde dormait dans le quartier, Heiping, ses parents ainsi que ses deux frères âgés de cinq et sept ans, ont été arrêtés discrètement à leur domicile et emmenés dans un centre de rétention administrative.

Sans papiers depuis leur arrivée en France, sept ans plus tôt, ils n'avaient mis personne au courant de leur situation. Leur demande de régularisation ayant échouée, ils ont tous été expulsés en direction de l'Asie dès le lendemain de leur arrestation, sans avoir pu donner le moindre coup de téléphone.

Le lundi, étonnés de l'absence de leur camarade, Benjamin et Lisa ont finalement appris la nouvelle avec stupeur.

Les professeurs du collège et les élèves se sont de nouveau mobilisés. Les associations disent qu'il est difficile de faire revenir sur le territoire français des gens qui en ont été expulsés, mais qu'il faut essayer, malgré tout.

Dans la classe de Benjamin et de Lisa, il y a désormais une chaise vide.

Un soir, Benjamin a pris la chaise, il l'a sortie sur le trottoir devant son collège. Dessus, il a simplement posé le mot suivant :

« Cette chaise aurait pu être la mienne. Mais elle appartenait à notre camarade de classe Heiping, âgé de 14 ans, expulsé avec ses parents et ses deux petits frères, le 10 mars dernier. Elle restera là, sur ce trottoir, jusqu'à son retour. »

***

En 2008, malgré les protestations de nombreux citoyens et associations humanitaires, 27 000 personnes vivant en situation irrégulière sur le territoire français en ont été expulsées. Parmi elles, de nombreux enfants nés en France et qui y ont toujours vécu.

Cathy Ytak est née le 16 juin 1962, dans la banlieue de Paris.

Elle commence à travailler à l'âge de 18 ans et exerce de nombreux petits métiers : des ménages, des gardes d'enfants, du tri dans des centres postaux, etc. Puis elle travaille sept ans dans un magasin de photo.

Dans le même temps, elle commence à animer des émissions de radio, sur plusieurs radios alternatives. Elle devient ensuite journaliste professionnelle et écrit dans des magazines culturels. Elle travaille également pendant deux ans dans une maison d'édition.

Passionnée par la Catalogne, elle choisit de devenir traductrice de catalan, et reprend des études pour y parvenir, à Paris, puis à Barcelone.

En 2000, elle publie son premier roman pour adolescents/jeunes adultes : « Place au soleil ».

Son roman « Les murs bleus » a reçu « Le prix des lycéens allemands 2008 ».

Cathy Ytak partage son temps entre l'écriture de romans jeunesse et la traduction. Elle vit une partie de l'année dans un petit village de montagne, pas très loin de la Suisse.

On peut la retrouver sur son site internet (*http://www.cathy-ytak.net*) et sur son blog (*http://www.ytak.fr*).

Nouvelle Bibliothèque Junior

Cathy Ytak · **Une chaise vide**

Herausgeber	Thilo Karger, Klaus Mengler
Vokabelannotationen	Thilo Karger
Verlagsredaktion	Corinna Martin-Werner
Gesamtgestaltung und technische Umsetzung	Buchgestaltung+
Umschlagfoto	getty images: © Nicholas Alan Cope

www.cornelsen.de

1. Auflage, 6. Druck 2025

Alle Drucke dieser Auflage sind inhaltlich unverändert
und können im Unterricht nebeneinander verwendet werden.

© 2009 Cornelsen Verlag, Berlin
© 2017 Cornelsen Verlag GmbH, Mecklenburgische Str. 53,
14197 Berlin, E-Mail: service@cornelsen.de

Druck: H. Heenemann, Berlin

ISBN 978-3-06-022714-3

PEFC-zertifiziert

Dieses Produkt
stammt aus
nachhaltig
bewirtschafteten
Wäldern

PEFC/04-31-1156

www.pefc.de